Armand Audiganne

L'Agitation industrielle et l'organisation du travail

Essai

ISBN : 978-1985189287

10 9 8 7 6 5 4 3 2 1

Armand Audiganne

L'Agitation industrielle et l'organisation du travail

Essai

Table de Matières

INTRODUCTION

Il ne faut pas s'étonner que les questions qui touchent au travail industriel préoccupent notre époque. L'esprit d'industrie s'est emparé de notre société, il l'anime et la stimule, il exerce sur les activités individuelles une influence prépondérante, et forme le trait le plus prononcé de la physionomie générale de ce temps. Chaque époque apparaît ainsi avec sa préoccupation principale qui lui donne un caractère. Tout près de nous, le XVIIIe siècle se distingue par un mouvement philosophique inouï ; nous voyons ensuite la république française livrée aux grandes illusions démocratiques, l'empire aux idées militaires, la restauration à la lutte de deux principes et de deux régimes. Aujourd'hui notre société, fatiguée de longues commotions, se tourne avec une sorte d'entraînement vers les efforts pacifiques de l'industrie : elle doit se ressentir de cette nouvelle application de ses forces. La vie industrielle soulève, parmi nous, des questions qui lui sont propres, et qui dérivent de ses conditions élémentaires. Les idées et les faits industriels ont des historiens, les ouvriers trouvent des généalogistes qui suivent à travers les siècles le rude chemin que le travail a couvert de ses sueurs.

S'il est une tendance, au milieu de ce mouvement, qui mérite d'être accueillie avec une faveur particulière, c'est celle qui se propose de relever l'état moral et d'améliorer le sort des classes laborieuses ; mais, hélas ! on s'est bien souvent égaré dans la recherche des moyens. Tantôt on a méconnu, dans des plans impraticables, quelques-uns des éléments essentiels de la nature humaine ; tantôt on n'a pas compris la situation relative et le rôle spécial des divers agents de la production. On a contesté des améliorations évidentes, on a exagéré les maux réels, les incertitudes douloureuses qui se mêlent au bien accompli. Le pouvoir social a été amèrement accusé, comme s'il tenait sous sa main un remède infaillible. Toutefois ces erreurs de la critique et de la théorie ne sont pas une raison pour comprimer l'essor, de la pensée qui aspire vers un état de choses meilleur et plus sûr. La disposition des esprits à s'occuper des questions relatives aux classes ouvrières est bonne et suffisamment motivée. Il convient seulement de l'éclairer, de la diriger, d'en prévenir ou d'en redresser les écarts.

Depuis plusieurs années, nous entendons incessamment répéter que pour étouffer dans leur germe les causes de la misère, et ouvrir devant le monde l'ère d'un bonheur inconnu jusqu'à ce jour, il faut organiser le travail. On prétend résumer toutes les autres questions dans celle-là. Des cris partis des camps les plus opposés somment le gouvernement de se mettre à l'œuvre et de donner au travail une satisfaction légitime. Des écrits nombreux, dont les conclusions sont fort diverses, ont été publiés sur ce sujet, qui défraie à lui seul la polémique de plusieurs journaux. Survient-il quelque part une perturbation dans les faits industriels, on l'attribue au défaut d'organisation du travail. Les ouvriers d'un corps d'état exigent-ils une augmentation de salaire, les ateliers sont-ils subitement abandonnés, la tranquillité publique est-elle inquiétée soit par le désordre matériel, soit par des contre-coups funestes, et la liberté des transactions profondément atteinte, c'est toujours faute de cette organisation du travail, qu'on érige en remède infaillible. Avec l'organisation du travail, plus de plaintes, plus de désirs immodérés, plus de ces désordres si fertiles en souffrances, c'est-à-dire d'autres hommes, une autre société. A l'origine, la question s'était annoncée par de simples recherches sur l'état des travailleurs ; plus tard, elle avait produit différents systèmes ; en ce moment, elle traverse une nouvelle phase. On ne se borne plus à discuter, on veut agir, et, avec l'organisation du travail pour mot d'ordre, on cherche à semer l'agitation parmi les classes laborieuses.

Je crois utile d'examiner de près le mouvement auquel nous assistons, de l'interroger sur sa nature, sur ses tendances, sur son avenir. Contient-il des germes féconds ? est-ce un vain bruit et une agitation condamnée d'avance à rester stérile ? Cette question de l'organisation du travail est-elle pour notre époque une question aussi grosse, aussi menaçante qu'on se plaît à le redire ? N'a-t-elle pas été dénaturée par des exagérations gratuites ? Je voudrais essayer de dégager le problème de la déclamation et de l'erreur, et, après avoir apprécié ce qu'on propose, indiquer ce qu'on peut faire ; mais, avant tout, il faut s'entendre sur les mots et poser la question en ses termes simples et naturels.

I. — ÉTAT DE LA QUESTION.

L'organisation du travail comprend deux ordres d'idées : le régime disciplinaire auquel sont assujettis les travailleurs, la distribution des produits du travail. Le régime disciplinaire résulte de la loi ou d'institutions particulières consacrées par l'usage ; la distribution des produits peut être également assujettie à des règles arbitraires et positives, l'histoire en offre des exemples dans certains états de société ; elle peut aussi être laissée dans le domaine de la convention libre, et alors elle est dominée par les lois générales de la production que la science moderne a mises en lumière.

Les principes fondamentaux sous l'empire desquels le travail peut être placé ne sont ni très nombreux ni fort compliqués. On peut les ramener à cette alternative, l'asservissement ou la liberté. Au milieu des vicissitudes économiques dont l'histoire nous offre le spectacle, mille variétés, mille différences, mille conditions distinctes se sont manifestées. Toutes se rapportent cependant à l'un des deux régimes : si elles s'écartent de l'un, elles se rapprochent de l'autre. Un pays n'est pas absolument libre de se prononcer entre les deux principes et de faire un choix. L'ordre industriel est soumis à des influences dont les peuples ne s'affranchissent point en un jour ; il se ressent de l'état social, des idées et des habitudes politiques. Les sociétés humaines, pour qui le travail est une nécessité, ont toujours possédé un ensemble de règles ou d'usages qui en ont constitué l'organisation. Moins le travail était libre, plus les règles étaient simples et uniformes. Qu'on cesse donc de nous présenter l'idée même de l'organisation comme une découverte de notre temps. Lorsque le travail était complètement asservi, lorsque le travailleur était esclave, l'autorité du maître tenait lieu de discipline ; avec la propriété de la personne du travailleur, la loi lui adjugeait tous les produits de son industrie. Elle contenait bien cependant quelques dispositions inspirées par une protestation secrète de l'humanité offensée, qui s'écartaient de la rigueur de son principe ; mais les conditions qu'elle imposait au maître étaient souvent inexécutées, et les réserves qu'elle faisait au profit de l'esclave restaient presque toujours illusoires. C'était là un système d'organisation, système détestable, outrageant, immoral, mais très régulier et très prévoyant. Le servage, la corporation privilégiée et exclusive, sont autant de modes qui dérivent, en s'adoucissant, du même principe général.

Le régime de la liberté répugne-t-il à l'idée d'ordre ? Non : il suppose l'ordre au contraire, car, en industrie comme en politique, il n'y a point de liberté sans règle. La liberté résulte de l'équilibre des forces diverses, destiné à prévenir tout choc, tout empiétement illégitime. Le travail demeure libre toutes les fois que le travailleur conserve la disposition de lui-même, qu'il peut choisir le métier auquel il appliquera son activité, en changer si cela lui convient, débattre les conditions de son concours, l'accorder ou le refuser quand bon lui semble. Chez nous, le travail est libre ; toutes les exigences de la liberté sont satisfaites. Nos pères ont adopté, il n'y a guère plus d'un demi-siècle, ce grand principe, glorieusement proclamé déjà par Turgot. Les résultats du nouveau régime ont été immenses.

Au premier moment et sous l'influence des idées de réaction contre des abus antérieurs, on s'était livré avec enthousiasme aux rêves d'une liberté illimitée, sans excès, se suffisant à elle-même. Cette belle illusion s'évanouit bientôt devant l'expérience. On sentit le besoin de modérer l'arbitraire individuel, qui dégénérait en licence et compromettait tous les intérêts. Un régime disciplinaire fut alors ébauché avec une hardiesse remarquable. La loi du 22 germinal an XI sur la police des manufactures, devenue insuffisante aujourd'hui, révélait des vues arrêtées et des prévisions lointaines : elle renouait des traditions violemment interrompues et posait les bases du nouvel ordre industriel. Des arrêtés sur les livrets d'ouvriers et sur l'établissement des chambres consultatives développèrent la pensée de cette loi. A la même époque, les chambres de commerce renaissaient, les conseils de prud'hommes allaient être institués. Tels furent les éléments de la nouvelle organisation ; il faut y ajouter les articles du code civil sur le *louage d'ouvrage* et ceux du code pénal contre les coalitions, déjà prévues par la loi de germinal. Quelques actes postérieurs ont modifié ou étendu les institutions de ce temps ; ils ont eu pour objet de les mettre d'accord avec l'esprit de notre nouveau droit public. D'autres dispositions réglementaires, celles, par exemple, qui concernent le travail des enfants dans les manufactures, appartiennent à un ordre d'idées tout-à-fait étranger à la législation économique du consulat et de l'empire. Le gouvernement de 1830 a sa part dans l'œuvre d'organisation de l'industrie. Les institutions protectrices destinées aux classes laborieuses et consacrées par des lois ou par des ordonnances royales, telles que les salles d'asile, les écoles, les caisses d'épargne, sont un élément très notable du régime actuel. On doit y rattacher aussi les institutions de différents corps d'état, efforts du travail pour trouver en lui-même des appuis et des garanties.

En dernière analyse, la nouvelle organisation se compose de lois de discipline contre certains abus de la liberté, d'établissements publics créés dans l'intérêt des travailleurs, et des institutions privées de l'industrie. Elle ne saurait admettre, sans être aussitôt infidèle à son principe, des dispositions impératives concernant la répartition des produits entre les divers agents producteurs. Ce régime est-il homogène sur tous les points, est-il complet, est-il au-dessus de toute critique ? Non, sans doute : il présente des lacunes fâcheuses et des inconséquences regrettables, quelquefois il déploie trop de rigueur, quelquefois il est trop relâché, et il laisse en dehors de son action des faits qu'il devrait atteindre ; mais les changements accomplis prouvent qu'il n'est pas condamné à l'immobilité. On avait songé, même sous l'empire, à développer d'une façon systématique l'œuvre récemment entreprise. Nous sommes mieux placés aujourd'hui pour concilier les exigences diverses. Délivrés des appréhensions du commencement de ce siècle, nous ne sommes pas partagés sans cesse entre la crainte de tomber dans les excès des anciennes corporations et celle de rouvrir carrière aux abus d'une liberté anarchique. Les quarante dernières années d'expérience nous ont rendu familières les idées de transaction ; ces idées doivent servir de base aux lois économiques comme aux lois politiques, si on veut fonder un état de choses à la fois libre et régulier.

Que demandent aujourd'hui les théoriciens de l'organisation du travail ? Veulent-ils modifier, corriger, étendre l'ordre industriel existant ? Non ; ils ne se contentent pas de modifications partielles et graduées. Pour la plupart, ils repoussent en masse tous les éléments actuels ; ils demandent un ordre économique tout nouveau, absolument différent, et qui suppose d'abord le bouleversement complet de l'ordre social et politique. La question se trouve ainsi ramenée à des termes très simples et très clairs : nous avons un régime industriel qui est devenu l'objet d'attaques vives et nombreuses ; on en propose d'autres pour le remplacer. Dans une telle situation, que devons-nous faire ? Examiner ces divers régimes, afin de voir s'il en est un qui se concilie mieux que le nôtre avec le développement individuel et la sécurité sociale, qui soit plus avantageux pour les progrès de l'industrie et le bien-être des masses. D'un autre côté, des économistes ne se bornent point à repousser tous ces systèmes d'organisation ; ils veulent exclure absolument le pouvoir public du domaine de l'industrie. Voici donc trois partis fort distincts entre lesquels il faut choisir : adopter l'un des systèmes proposés ; rejeter toute prescription réglementaire, et, au milieu d'une société soigneusement ordonnée, laisser l'industrie et le travail en dehors des lois ; demeurer dans les termes de la liberté disciplinée sur le terrain de l'organisation actuelle, sauf les compléments et les modifications dont elle paraîtrait susceptible. Nous le dirons tout de suite, ce dernier système nous paraît le seul admissible, et nous espérons démontrer que seul il s'accommode aux nécessités du pays ; il a pour lui l'épreuve du temps, et, s'il n'a pas enfanté les merveilles imaginaires que promettent les théories nouvelles, il a suffi, tel qu'il est, pour garantir la société contre le désordre et ouvrir à l'industrie une carrière brillante. Il se prête d'ailleurs à toutes les réformes utiles. Il s'accorde mieux que tout autre, comme les faits les plus significatifs l'ont prouvé, avec l'intérêt des classes laborieuses. Aussi avons-nous pleine confiance dans le principe libéral des institutions actuelles. Quels sont les moyens de les améliorer encore et de compléter notre régime industriel, soit dans l'ordre des établissements de prévoyance, soit dans l'ordre des lois de discipline ? L'enquête dont on a essayé de faire tant de bruit est-elle nécessaire ? En a-t-on besoin pour savoir à quelles mesures s'arrêter ? L'étude des théories récemment développées préparera notre réponse à ces questions.

II.- SYSTÈMES RESTRICTIFS DE LA LIBERTÉ DU TRAVAIL.

Depuis que l'attention publique s'est portée sur l'organisation du travail, ou plutôt depuis que les partis se sont emparés de la

12

question, chacun a voulu dire son mot. Quelques-uns ont étudié le problème pour lui-même, en vue des intérêts qu'il embrasse ; les autres l'ont saisi comme un moyen, comme une bonne occasion de s'adresser au public, et ils l'ont traité le plus souvent sans avoir aucune connaissance de nos lois économiques. De là tant d'écrits déclamatoires, qui manquent de bases et de conclusions. Toutefois, au milieu de ce désordre, plusieurs systèmes plus ou moins contraires au principe de la liberté se dessinent nettement ; les opinions qui se groupent autour d'eux se prêtent à l'analyse. Ainsi, nous avons les idées des communistes sur l'organisation du travail, la théorie de Fourier expliquée par ses disciples, les idées des radicaux, le système qu'on peut appeler *système des ouvriers*, celui des conseils industriels hiérarchisés, enfin celui de la restriction de la liberté des masses.

Les écrivains communistes sont ceux qui entendent le régime industriel de la façon la plus radicale et la plus subversive. Tous les autres acceptent l'institution de la propriété. Si quelques-uns la mutilent, si l'école de Fourier, par exemple, lui porte une rude atteinte avec ses actions commanditaires, le principe cependant est à peu près conservé. Nous n'avons pas l'intention de refaire l'histoire du communisme ni d'entrer en longue discussion avec lui.[1] La théorie est connue. Quoiqu'elle se présente non-seulement comme une doctrine économique, mais comme une doctrine sociale complète, elle ne brille point par la variété et l'invention ; elle repose sur une seule idée, l'idée fausse de l'égalité absolue entre les hommes. L'homme se croit volontiers l'égal de ses supérieurs, et le supérieur de ses égaux. C'est le secret penchant de sa nature ; mais il sait fort bien reconnaître entre ses semblables l'inégalité essentielle des facultés et des moyens dont l'inégalité des conditions est la conséquence inévitable. Le communisme refuse d'accepter le principe et la conséquence ; il prétend rétablir pendant la vie, par son organisation du travail et son mode de distribuer les produits, l'égalité parfaite. Pour atteindre son but, il rend le travail obligatoire à tout le monde. Ce n'est pas là une innovation fort originale ; parmi nous, le travail est déjà la commune loi ; l'individu entièrement oisif devient de plus en plus rare. Le trait particulier de la doctrine

1 Voyez, sur l'histoire du communisme, un travail remarquable publié dans cette *Revue*, livraison du 1er juillet 1842 : *Des Idées et des Sectes communistes*, par M. L. Reybaud.

consiste à imposer de force ce qui s'opère naturellement, si on laisse les choses à leur cours ordinaire. Dans notre société toutefois, chaque ordre de travaux a ses conditions spéciales et un rang hiérarchique. Le communisme croit pouvoir supprimer les différences qui s'y produisent. La constitution politique vers laquelle il aspire décréterait l'égalité de tous les travaux. Pure fiction, profondément contraire à la nature des choses ! Au milieu des applications si diverses qu'imposent à l'activité humaine les exigences sociales, il serait trop absurde d'astreindre chacun à supporter à son tour sa part de tous les services. Pourtant l'égalité serait à ce prix. Sans une telle distribution, elle n'est plus qu'un mensonge ; les professions et les métiers restent ce qu'ils sont naturellement, en dépit des lois conventionnelles. Le partage égal du bien-être exigerait aussi un égal développement intellectuel. Or, le communisme ne songe point à donner à tous les hommes une instruction semblable, pas plus qu'un même emploi. On dit bien : Chacun sera libre de choisir son état ; mais, comme certains métiers indispensables seraient infailliblement abandonnés, on est contraint de placer l'autorité d'un conseil ou d'une magistrature quelconque au-dessus des volontés individuelles. Que devient alors la liberté ? que deviennent les promesses de l'égalité des positions et du bonheur ?

L'organisation du travail selon les idées communistes n'est pas plus attrayante en pratique qu'elle n'est solide en principe. Imaginez sur quelque point du globe une *Icarie* véritable : est-il un seul homme d'un peu d'activité et d'un peu d'énergie qui consente à échanger les rudes labeurs de notre société actuelle, même avec ses accidents et ses incertitudes, contre les conditions d'un pareil état social ? L'existence y devient insipide et gênée ; il lui manque le mouvement et la vie ; rien n'y remplace le plaisir d'un choix volontaire et la satisfaction qui accompagne tout effort soutenu par l'espérance.

Le socialisme exagéré qui forme la doctrine communiste s'est élevé avec une aigreur extrême contre la concurrence industrielle. Sa critique, plus véhémente que judicieuse, n'a pas jeté un grand jour sur la question même de l'organisation du travail ; cependant cette critique constitue seule l'action propre du communisme moderne. Si on la supprime, il n'est plus rien ; ses déductions manquent d'originalité après les anciennes utopies du même

II.- SYSTÈMES RESTRICTIFS DE LA LIBERTÉ DU TRAVAIL.

14

genre. Depuis des siècles, il est demeuré au même point ; il ne s'est pas transformé, il ne s'est pas associé au mouvement général de l'humanité. On le croirait encore au temps où la verve moqueuse d'Aristophane s'exerçait aux dépens de la doctrine et tournait en ridicule ces esprits étroits ou cupides qui prétendaient découper à leur usage et soumettre au niveau de leurs petites pratiques l'idéal que la philosophie avait offert à la contemplation des esprits élevés. On peut aujourd'hui sans crainte laisser les communistes se cramponner, en désespoir de cause, à la question du régime industriel : leur discussion a été éprouvée ; ils n'ébranleront point l'édifice social, ils ne rallieront pas sous leurs drapeaux vieillis de nombreux prosélytes. L'école a même perdu de son terrain depuis quelques années : ses publications deviennent plus rares, la curiosité qui les faisait lire d'abord s'est bientôt rebutée d'une théorie sans justesse et sans nouveauté.

Une autre école, celle de Fourier, prend une part plus active à la discussion du problème économique. Deux écrits viennent d'analyser et de trier les vues du maître sur l'organisation du travail : *l'Organisation du Travail, d'après la théorie de Fourier, par 1M. P. Forest,* — *l'Organisation du Travail et l'Association,* par M. Math. Briancourt. Sans vouloir revenir ici sur l'appréciation générale du fouriérisme,[1] je me borne à considérer le côté industriel du système. L'organisation imaginée par Fourier doit, si l'on en croit ses disciples, rendre le travail attrayant, entraîner passionnément les hommes sans le secours de la morale et de la faim. Je crains plutôt qu'elle ne soit de nature à conduire à la négligence, à l'oisiveté. L'homme se sent porté à ménager sa peine, s'il n'est mû par un stimulant énergique, tel que la nécessité de subvenir à ses besoins et à ceux de sa famille, le désir d'améliorer son état, d'assurer son avenir. Fourier rejette ce puissant mobile. Est-il parvenu à lui en substituer un autre dont l'influence soit plus déterminante et meilleure pour l'individu et pour la société ? Je le cherche vainement dans les détails très compliqués de sa combinaison sociale. J'y trouve des analyses ingénieuses et des moyens secondaires d'influence ; mais ni *les groupes et les sous-groupes,* ni *les intrigues émulatives,* ni *la passion de l'unitéisme,* ni

---

1 Cette appréciation a été faite dans un travail développé ; voyez, dans la livraison du 1er août 1845 : *Des Idées et de l'École de Fourier depuis 1830.*

toutes les conditions prétendues du *travail attrayant*, n'offrent rien qui paraisse devoir exercer sur l'individu une impulsion soutenue et le pousser à l'accomplissement certain et vigilant de son devoir. Assuré contre les suites de son indolence, il ferait le moins de besogne qu'il pourrait ; on serait bientôt contraint d'en revenir aux stimulants actuels, sous peine de voir les travaux délaissés et l'homme n'être plus que le roi fainéant d'une nature improductive et envahissante. Les lois de la morale et les besoins de la vie restent encore le frein le plus solide et l'aiguillon le plus sûr.

L'auteur d'une des brochures dont nous venons de parler, M. Forest, s'est efforcé d'atténuer les bizarreries mêlées aux conceptions du génie de Fourier ; il a ménagé les susceptibilités des lecteurs étrangers à la doctrine. Il déclare, du reste, sans façon, compter sur la prochaine réalisation d'une commune sociétaire. « Pour cela, dit-il, il ne faut que des hommes et des capitaux. Des hommes, il n'en manque pas en France qui ne demandent pas mieux que d'abandonner une position ennuyeuse et incertaine pour essayer d'un nouveau genre de vie. » C'est vrai, le nouveau a des attraits puissants ; mais le nouveau devient bientôt vieux, et il faudrait des changements continuels pour retenir les individus que l'appât de la nouveauté aurait seul réunis. D'ailleurs, on ne doit point espérer enrégimenter sous les sarraux phalanstériens ceux qui occupent déjà une place dans notre société laborieuse. Il ne faudrait pas se montrer trop difficile sur la qualité. On serait obligé d'ouvrir à deux battants les portes de la commune aux désœuvrés, aux esprits inquiets et toujours mécontents de leur sort. Une fois les membres du phalanstère rassemblés, il resterait à les faire travailler *passionnément*, sans le secours de la morale et de la faim, par le *pur attrait du travail*. Là commencerait une difficulté plus sérieuse ; là se trouverait, même pour une agrégation mieux choisie, une cause de dissolution. On demande quinze millions de francs pour un essai en grand, et tout au plus deux ou trois millions pour un essai restreint. Ce qui peut arriver de plus heureux à l'école, c'est de ne point trouver les fonds nécessaires pour une épreuve, et, sans trop d'illusion, elle peut compter sur ce bonheur-là.

Le fouriérisme a pris la question de l'organisation du travail comme un moyen de propager ses enseignements : vain effort, il reste muré dans le cercle d'un petit nombre d'adeptes. La plupart

II.- SYSTÈMES RESTRICTIFS DE LA LIBERTÉ DU TRAVAIL.

même de ceux qui suivent sa polémique sont étrangers à sa doctrine ; la théorie phalanstérienne manque, en effet, de cette simplicité et de cette netteté qui saisissent les intelligences et les gagnent à une idée. On la rend triviale, sans qu'elle devienne populaire. Ce vice de la doctrine est très frappant dans l'ouvrage de M. Briancourt. En exposant le système dans une sorte de roman dialogué, M. Briancourt a cru que l'étude en serait plus attrayante, et il n'est parvenu qu'à lui ôter son caractère original. Le dialogue sur des matières sociales et politiques est soumis, d'ailleurs, à des conditions sévères, sous peine de devenir plat et ennuyeux. Si on met en scène, comme l'écrivain fouriériste, des personnages vulgaires, on tombe infailliblement dans des familiarités de mauvais goût. Pour traiter des matières sérieuses, il faut supposer des interlocuteurs familiers avec de pareilles discussions. Quand on rassemble, pour converser sur un mode nouveau de sociabilité, un pharmacien, un juge de paix, un chef d'escadron en retraite, et quelques autres honnêtes gens aussi peu accoutumés à débattre des sujets philosophiques, on se condamne d'avance à abaisser un langage qui devrait toujours être noble et digne. Il n'est point étonnant dès-lors que l'écrit dont nous parlons soit semé d'objections banales, de comparaisons risquées et d'expressions communes. Fourier ne se fait pas faute de vulgarités pareilles ; le caractère original de son style empêche, sinon qu'on s'en aperçoive, du moins qu'on en soit blessé. Ses disciples ont tout à perdre à le suivre dans cette voie : croire attirer les masses en leur parlant un langage trivial, c'est se méprendre sur leurs sentiments.

Les écrivains radicaux, tout en réclamant, pour la plupart, une révolution sociale, n'aspirent pas à transformer les conditions traditionnelles de l'humanité aussi complètement que le voudraient les communistes et les fouriéristes. L'école radicale nous a paru du reste extrêmement divisée sur la question du travail. Néanmoins, malgré ses dissidences intérieures, un signe remarquable caractérise assez généralement ses efforts, et les revêt d'une certaine uniformité. On semble d'accord pour sommer le gouvernement d'organiser le travail et de résoudre par des lois le problème économique. J'aperçois, il est vrai, des réserves sur la constitution du pouvoir politique qui serait le mieux en mesure de devenir le directeur général de l'industrie ; mais le trait principal n'en subsiste pas moins : la tendance prononcée à conférer au gouvernement une action considérable. Les uns demandent que le pouvoir central devienne le régulateur suprême de la production, et fonde des ateliers sociaux ; les autres soutiennent qu'il doit assurer du travail aux ouvriers, et fixer les salaires, comme s'il disposait de toutes les influences qui en occasionnent les fréquentes variations.

Cette attitude nouvelle de l'école radicale, cette réaction inattendue contre les principes de liberté, ne sont pas les faits les moins significatifs de notre époque, ni les moins utiles à méditer. Le pouvoir est loin de chercher à sortir du cercle de son action ; il ne prétend point devenir l'arbitre quotidien et responsable de l'industrie, et maîtriser des conditions sur lesquelles il ne peut exercer qu'une influence indirecte. Il résiste à des sollicitations multipliées ; il répudie une part trop étendue, contraire aux vrais principes, qui dispenserait l'individu de prévoyance, diminuerait ses efforts personnels au grand préjudice de sa dignité morale, et ne pourrait pas réaliser des espérances follement conçues. D'où viennent, au contraire, les sollicitations nouvelles des radicaux ? Si nous nous reportons au-delà de la révolution de juillet, le parti libéral n'aurait point songé à mettre ainsi entre les mains d'un gouvernement la direction du travail, à lui livrer l'industrie organisée et dépendante. Quelle opposition eût alors soulevée une prétention pareille, si elle avait osé se produire ! Que s'est-il donc passé ? Est-ce que l'école radicale renonce à ses antécédents ? Non ; mais elle a subi l'influence des évènements même contre lesquels elle a inutilement protesté. Sous la restauration, une défiance irrésistible s'éveillait au sein du pays devant chaque manifestation du pouvoir, défiance légitime, car le gouvernement, malgré des services réels et un désir de bien administrer auquel on n'a pas encore rendu pleine justice, se posait politiquement en ennemi de la société renouvelée ; il se montrait incapable de la comprendre et de la diriger. La révolution de juillet a mis fin à cet antagonisme : elle a conquis un gouvernement pour les idées nouvelles et les nouveaux intérêts. Les conséquences de ce grand changement, qui constituent la force morale de l'établissement de 1830, éclatent jusque dans le langage de ses adversaires. Si l'esprit de défiance n'a pas été étouffé, il est devenu moins vif, moins général. On a un peu perdu l'habitude de regarder le pouvoir comme nécessairement

II.- SYSTÈMES RESTRICTIFS DE LA LIBERTÉ DU TRAVAIL.

ennemi. C'est grâce à cette transformation lente et profonde de l'opinion publique qu'a pu se produire l'idée d'accroître l'action du gouvernement dans l'ordre des intérêts industriels.

On doit néanmoins, au milieu du mouvement de l'école radicale, faire aussi la part des passions et des entraînements politiques. Les avances ont-elles toujours été sincères ? En pressant le gouvernement d'agir, n'a-t-on jamais eu l'intention secrète de lui susciter des embarras ? N'a-t-on jamais pensé à le mettre dans cette alternative ou de sortir de son rôle pour suivre une impulsion téméraire, ou de donner, en résistant à cette impulsion, l'occasion de dire aux classes laborieuses qu'il se préoccupait peu de leur sort ? Plus d'une fois le ton des radicaux a permis de leur imputer cette duplicité mal déguisée ; mais qu'importent les intentions ? Il s'agit pour nous de voir si la polémique de l'école radicale a fourni de nouveaux et bons éléments à la solution du problème.

J'y ai vainement cherché un système complet, homogène, qui pût satisfaire des esprits sérieux et positifs. Tout se réduit à peu près à une critique virulente, poussée fréquemment au-delà de toute mesure et de toute vérité, et à quelques propositions vagues, déclamatoires. Rien de plus facile que de s'élever contre la concurrence : on ferme les yeux sur le bien ; on généralise des accidents partiels, et, méconnaissant cette vérité que l'homme abuse des meilleures choses, on attribue au principe de la liberté un mal qui a sa source dans l'homme même. Il ne suffit pas pourtant d'accuser l'ordre actuel, et d'invoquer une révolution sociale et économique ; il ne suffit pas de s'écrier L'association et la solidarité universelles sont un remède infaillible à tous les maux ; il faudrait encore nous montrer dans une discussion calme et solide les moyens de constituer cette association solidaire sans nuire au développement de l'individu, et sans affaiblir l'industrie elle-même ; il faudrait nous prouver qu'une fois établi, le nouveau régime agirait efficacement dans le sens voulu, et ne tendrait pas à replacer le travail sous un joug dont la révolution française était si fière de l'avoir affranchi. Oui, sans doute, l'association est un élément de puissance, et la solidarité peut devenir un utile appui contre les vicissitudes de l'industrie ; mais on prétend faire violence aux volontés, on aspire à tirer du principe plus qu'il ne peut rendre, on le presse sans mesure, et il éclate entre des mains imprudentes.

La stérilité de la polémique radicale, malgré des efforts ardents et répétés, contribue à démontrer tout ce qu'il y a de chimérique dans l'organisation du travail, quand on la comprend en dehors du principe de la liberté de l'industrie disciplinée par des lois spéciales et favorisée par des institutions prévoyantes. Je passerais volontiers sur la faiblesse des doctrines, si elles n'étaient pas de nature à répandre parmi les classes ouvrières des enseignements superficiels qui n'éclairent point l'esprit et éveillent des convoitises dangereuses. Ainsi, pendant que d'un côté l'école fait une guerre quelquefois légitime à des sentiments de cupidité qui se produisent sous une certaine forme, elle en favorise d'un autre côté la propagation au milieu des masses sous une forme différente. Si les radicaux tiennent à passer pour les amis sincères et désintéressés des travailleurs, ils doivent s'abstenir de flatter leurs passions et leurs mauvais instincts.

Quelques recueils consacrés particulièrement à la défense des intérêts des ouvriers, et rédigés par des ouvriers même, ont souvent donné aux radicaux l'exemple d'une louable modération. Les rédacteurs de ces recueils proposent, au nom des travailleurs, un mode d'organisation de l'industrie que son origine même recommande à l'attention. Ce système considère aussi l'association comme la seule garantie d'une juste récompense du labeur accompli ; il prend pour formule ces mots : association du capital et du travail ! Que de fois cette phrase a été prononcée sans être suffisamment comprise ! Disons-le d'abord le principe est juste. Si le travail et le capital étaient séparés l'un de l'autre, ils resteraient stériles et improductifs ; mais cette idée, vraie en elle-même, est altérée par les applications proposées. Quelques mots la replaceront sous son véritable jour.

Le travail a besoin d'un capital qui le féconde ; comme les ouvriers n'en ont pas, ou n'en possèdent qu'un insuffisant, ils sont obligés de se mettre en rapport avec les capitalistes. De ce rapprochement naît la nécessité d'une convention et d'un partage. Unis pour produire, le capital et le travail doivent recueillir dans les fruits la part déterminée par eux comme condition de leur accord. Si l'ouvrier touche la sienne sous forme de salaire, elle sera nécessairement réduite, parce qu'elle est certaine, parce qu'on la paie avant de connaître les résultats définitifs d'une spéculation et

II.- SYSTÈMES RESTRICTIFS DE LA LIBERTÉ DU TRAVAIL.

indépendamment de toute perte possible. La portion qu'il sacrifie sur un dividende éventuel équivaut à une prime d'assurance ; elle le met à l'abri des suites d'une mauvaise affaire. Serait-il selon l'intérêt de l'ouvrier de renoncer au salaire certain pour une association sans réserve avec le capital ? En aurait-il les moyens ? Dans la plupart des industries, on le sait, il faut attendre un temps plus ou moins long avant de recueillir des bénéfices ; l'ouvrier a peu ou point d'avances ; chaque jour doit lui fournir son pain et celui de sa famille. Passons cependant sur cette grave objection. Qu'arrivera-t-il si, au jour du règlement, l'entreprise se trouve en perte ou seulement en équilibre ? Qui nourrira l'ouvrier dont les ressources sont épuisées ? qui soutiendra sa famille ? Des cas se rencontrent, surtout dans les spéculations les moins hasardeuses, où une société plus étroite que celle qui résulte du salaire peut devenir avantageuse aux maîtres comme aux ouvriers ; on en cite déjà des exemples, et l'avenir les multipliera ; mais il faut alors que l'ouvrier possède déjà un petit capital, il est même bon pour lui de ne pas hasarder l'entière rémunération de son concours et de continuer à en recevoir une partie sous la forme assurée du salaire. Tout dépend de faits particuliers, de circonstances spéciales ; ni ces faits, ni ces circonstances, ne se prêtent à une généralisation théorique. Les maîtres et les ouvriers sont seuls cri mesure de discerner leur intérêt. Une contrainte légale serait un présent funeste pour les uns et pour les autres. En dehors de l'accord volontaire, on ne recueillerait que des déceptions et du désordre. Concluons, en dernière analyse, que si l'association du capital et du travail est susceptible d'être utilement introduite, en une certaine mesure, dans notre régime industriel, elle ne pourrait être, sans une violence périlleuse, substituée systématiquement au principe de la liberté des conventions, et devenir la loi universelle de l'industrie.

Le système qui propose une *hiérarchie de conseils industriels* appartient également à des ouvriers. Ses principaux éléments sont indiqués dans la brochure d'un ouvrier imprimeur, M. Adolphe Boyer, dont cette *Revue* s'est occupée.[1] Ce projet a été depuis repris et développé dans diverses publications. Remarquons d'abord

---

1 Voyez, dans la livraison du 1ᵉʳ septembre 1841, l'article de M. de Carné sur les *Publications démocratiques et communistes*.

qu'il penche singulièrement vers certaines tendances des écrivains radicaux ; il finit presque toujours par charger l'état du sort des travailleurs. Si des conseils doivent, en effet, fixer les salaires et assurer du travail au nom du gouvernement, l'état devient bientôt un garant responsable. La question peut se transformer, à tous moments, en une question d'impôt et d'assistance publique. Mieux vaut, pour les classes laborieuses, l'action indirecte du pouvoir, laissant à chacun le soin de lui-même et de sort avenir, qu'une intervention immédiate, nécessairement despotique et entourée de mille écueils. Les détails du système sont aussi vicieux que ses tendances générales. La corporation communale, telle qu'elle a été conçue, placée à la hase de l'échelle, serait investie d'attributions très multipliées et très complexes ; elle ne pourrait suffire à sa tâche. Vouloir, par exemple, qu'elle détermine le taux des salaires, c'est lui supposer, au milieu de la solidarité actuelle de tous les intérêts, la connaissance d'une foule d'éléments variables, le plus souvent placés hors de sa sphère. Le conseil suprême, chargé de régler la production nationale, revêtu d'une autorité indépendante et rendant l'action d'un ministre du commerce à peu près superflue, est une combinaison arbitraire, sans aucun lien avec la nature des choses. Il a fallu l'aveuglement d'une préoccupation exclusive pour s'imaginer que les décisions d'un conseil nombreux seraient plus rapides et plus sûres que celles d'un ministre responsable. Le ministre du commerce, par sa correspondance quotidienne avec les préfets, par des agents et des inspecteurs attachés à son département, par les chambres de commerce, par les conseils de prud'hommes, par les chambres consultatives des arts et manufactures, etc., possède des facilités d'information très diverses et très étendues. Il peut rapprocher et comparer les renseignements transmis, les contrôler les uns par les autres ; il peut en demander de nouveaux pour éclaircir les points douteux, et prescrire des enquêtes locales. Affranchi de préoccupations particulières, il est en mesure de juger les choses dans leur ensemble. Le conseil qu'on propose en serait réduit à des informations individuelles, souvent dominées par une rivalité d'intérêts locaux. Après avoir entendu successivement tous ses membres, il serait obligé, avant d'agir, de discuter et de se mettre d'accord. Combien de complications et de détours sous prétexte de simplifier les choses !

II.- SYSTÈMES RESTRICTIFS DE LA LIBERTÉ DU TRAVAIL.

Que le travail libre forme des associations libres, que les métiers affranchis se donnent des syndicats volontaires qui suppléent avantageusement à l'action toujours un peu suspecte des lois de police, l'ordre industriel existant pourrait, moyennant certaines précautions, se prêter à ces garanties et revenir un peu sur l'interdiction prononcée par les lois de 1791. Il admet, d'ailleurs, divers conseils qui secondent avec avantage l'administration de l'industrie et du commerce. Ce sont là des éléments de l'organisation du travail. L'erreur du système que nous désignons sous le nom de *système des conseils industriels* consiste à vouloir agrandir démesurément le rôle et la portée de ces conseils, qu'il reconstitue dans un esprit envahissant, exclusif, et, je dois ajouter, rétrograde.

Si les théories d'organisation dont j'ai parlé ne s'appuient pas toutes sur une petite école, elles sont entourées, du moins, d'un certain nombre de suffrages ; elles ne se présentent pas comme une opinion individuelle et isolée. Voici un dernier projet, qui n'a que son auteur pour partisan, et qui ne semble pas destiné à en réunir d'autres. J'en parle, néanmoins, à cause de son caractère étrange, inattendu, et parce qu'il offre un sujet de réflexions utiles sur le devoir des classes les plus favorisées envers les classes laborieuses. Ce système est exposé dans un livre intitulé *Du Paupérisme*, par M. Marchand. On peut l'appeler *système de restriction de la liberté des masses*. Les classes laborieuses, affirme M. -Marchand, sont aviles ; elles ont perdu la conscience de leur dignité ; en attendant qu'elles aient repris leur rang, il faut les contenir et leur enlever une liberté funeste. Sans un régime très sévère, elles ne cesseront point de se nuire à elles-mêmes et à la société. Voilà en quel sens M. Marchand réclame l'organisation du travail. Que le bien-être du peuple soit intimement lié à sa condition morale et intellectuelle, c'est une idée juste ; mais elle a entraîné dans des exagérations impraticables un esprit raide, peu judicieux, qui se place en dehors de la réalité et ne recule devant aucune des conséquences de son principe. Les règlements disciplinaires de M. Marchand reviennent à établir sur une grande échelle une sorte de surveillance de haute police. L'ouvrier aurait constamment en face de lui un agent chargé de suivre ses mouvements et de réprimer ses écarts. Ce projet ne se borne pas aux manufactures, il embrasse toutes les professions.

Afin de soumettre plus aisément à la surveillance et aux règles disciplinaires les ouvriers qui travaillent hors des fabriques, on les grouperait en corporations. Les familles ouvrières assistées par les bureaux de charité reçoivent déjà des visiteurs chargés de constater les besoins et de vérifier l'emploi des secours : c'est une conséquence de tout système de bienfaisance publique, conséquence fâcheuse sous certains rapports, et cependant inévitable ; mais de quel droit épier la vie de l'ouvrier qui ne réclame aucun secours, et venir exercer des visites domiciliaires chez celui qui vit de son travail sans demander rien à personne ? De quel droit ! réplique M. Marchand ; est-ce qu'on peut dire de lui, dans la situation où il est, qu'il n'aura jamais besoin, suivant toute apparence, de recourir à la société' ? Cette éventualité paraît suffire à l'auteur pour légitimer les soupçons et motiver la mesure.

Il n'est pas nécessaire, j'imagine, de discuter de pareilles propositions. Sans parler de ses autres défauts, ce mode haineux d'organiser l'industrie a celui d'être impraticable. Nous ne vivons pas dans un temps où une partie de la société puisse faire peser sur l'autre une législation draconienne, et, par une inégalité révoltante, rendre les conditions de la vie plus dures pour certaines classes que ne le comportent les différences résultant de l'état social. Sans doute, M. Marchand se propose l'avantage des travailleurs pour dernier but de ses efforts, mais il se trompe de route et place le terme trop loin. Sa pensée bienveillante se résume un peu sèchement en cet adage d'une justesse équivoque : *Qui aime bien châtie bien*. Le devoir et l'intérêt des classes supérieures leur commandent de chercher à guider les classes laborieuses, à réformer les mauvaises habitudes, et à favoriser par des institutions sages le développement des idées d'ordre et d'économie. L'ilotisme des travailleurs, fût-il possible, ne conduirait point au but. Hâtons-nous de le dire, M. Marchand fait violence à son esprit, quand il traite de l'organisation de l'industrie ; ce n'est point là l'objet de ses études ; il n'a pas une idée exacte du sujet ; la question lui apparaît à travers d'épais nuages ; il manque de doctrines économiques comme de vues sociales et politiques. Il a étudié, au contraire, avec quelque soin certaines institutions de bienfaisance. Pourquoi ne pas rester sur ce terrain, qui lui était connu ? Pourquoi se perdre dans une introduction absolument inutile ? Nous avons un système de plus, mais la question n'y a rien

II.- SYSTÈMES RESTRICTIFS DE LA LIBERTÉ DU TRAVAIL.

24

gagné.

Si nous jetons un regard en arrière, nous sommes loin de l'intervention absolue du gouvernement dans le régime industriel. Le gouvernement n'est plus ni un entrepreneur général, ni un régulateur suprême, ni un garant responsable du sort des classes laborieuses ; il est réduit à un rôle de police inquisitoriale et tracassière. Ici s'arrête le mouvement vers l'organisation du travail ; la résistance qu'il a provoquée réclame maintenant notre attention. On ne rencontrera plus sur ce nouveau terrain des partis politiques cachés derrière des théories ; on va se trouver en face de doctrines économiques qui se produisent sans arrière-pensée, et peuvent être étudiées du seul point de vue de la science.

III. — LES PARTISANS DE LA LIBERTÉ ILLIMITÉE DU TRAVAIL.

A entendre les partisans de la liberté absolue, les adversaires de toute discipline industrielle, on dirait qu'en France le travail est encore asservi, et que nous avons à entreprendre la conquête d'un grand principe méconnu. De quoi s'agit-il cependant, même dans le cercle de leurs idées ? De supprimer quelques tutelles administratives et quelques moyens préventifs. L'école économique ultra-libérale se révolterait moins, j'imagine, contre les rares conditions réglementaires de l'ordre existant, si elle ne voyait pas en face d'elle des propositions qui tendent à porter une atteinte sérieuse à la liberté. Ses doctrines sont une réaction contre des doctrines extrêmes ; elles subissent la loi commune à toutes les réactions : elles sont elles-mêmes exagérées. Déterminer les actes coupables et nuisibles, prononcer des peines et, quand il y a lieu, des dommages-intérêts, telle est, à ses yeux, la seule part du pouvoir social. Hostile à toute pensée d'organisation de l'industrie, comment cette école se rallie-t-elle au mouvement dont nous suivons les manifestations et les péripéties ? Elle s'y rattache par son opposition même ; elle forme un côté du tableau ; elle est un contrepoids. D'autres convient l'autorité à une intervention excessive ; elle, au contraire, fait ressortir, en les grossissant, les dangers de la centralisation industrielle.

M. Ch. Dunoyer, dans un livre sur *la Liberté chu travail*, qui reproduit et complète ses travaux antérieurs, vient d'exposer les enseignements de cette école ; il en a déduit, sans hésiter, les dernières conséquences. Le gouvernement doit laisser le travail à son indépendance entière, et s'abstenir de lui imposer des règles. Toutes les mesures de précaution sont condamnées point d'enquêtes, point d'interdictions, point d'autorisations préalables, jamais de surveillance et d'inspection préventive. Ainsi la loi sur le travail des enfants, le décret de 1810 et les ordonnances relatives aux établissements insalubres, les règlements concernant l'emploi des machines à vapeur, et toutes les dispositions analogues, sont aux yeux de M. Dunoyer des erreurs graves eu législation économique. Cette théorie n'est pas rassurante. Combien de malheurs occasionnés par l'imprudence ou la cupidité ne pourraient être réparés par des dommages-intérêts ! Ne vaut-il pas mieux les prévenir en assujettissant la liberté à quelques conditions ? Punir est bien aussi un moyen de prévenir, mais c'est le dernier de tous, c'est l'*ultima ratio* de la société à l'égard de ses membres ; elle ne doit en user qu'avec discernement et réserve. La liberté absolue tendrait trop les ressorts du pouvoir répressif, sans apporter néanmoins des garanties suffisantes à la sécurité publique. Ce n'est point là une idée pratique. M. Dunoyer, il est vrai, s'en inquiète fort peu ; il a parlé quelque part avec beaucoup d'ironie des esprits pratiques. « Dans ce temps-ci, dit-il, on les a souvent exaltés au préjudice des hommes de pensée. » Je ne le nie point ; mais M. Dunoyer niera-t-il que le mérite des hommes de théorie, le signe de leur supériorité, soit d'émettre eux-mêmes des idées pratiques ? Ne pas dédaigner les théories, mais n'admettre que celles qui peuvent, en dernière analyse, devenir une réalité et produire de bons résultats, telle est, je crois, la véritable maxime.. Si on doit laisser à l'esprit un champ vaste pour ses spéculations, il doit lui-même s'imposer la souveraineté du bon sens qui marque les idées justes d'un sceau indélébile.

M. Dunoyer est malheureusement enclin à exagérer la vérité. Cette tendance fâcheuse de la part d'un esprit distingué éclate en cent endroits de son livre. Voici une idée juste, ingénieuse, qui ne manque pas d'un certain caractère de nouveauté ; tournez quelques pages, et elle vient aboutir à des conséquences grosses d'erreurs et de périls. Cette observation frappera bien vite tous ceux qui liront l'ouvrage de M. Dunoyer ; elle suffit pour en faire apprécier la valeur philosophique.

On peut analyser ce livre en trois propositions : la liberté industrielle, affranchie de ses dernières entraves, est la fin vers laquelle marchent les peuples et le suprême bonheur où puissent atteindre les sociétés humaines ; plus les mœurs s'améliorent, plus les esprits s'éclairent, et plus le but se rapproche ; si les nations s'attardent sur la route, ce n'est jamais au gouvernement qu'il faut s'en prendre, mais à elles-mêmes. Je n'aurais rien à dire contre ces propositions entendues dans un sens modéré : elles seraient bonnes à répandre, et pourraient servir les intérêts de la civilisation ; malheureusement, le commentaire et les développements les faussent et les dénaturent, la dernière surtout devient extrêmement dangereuse. M. Dunoyer ne se lasse point de s'écrier : Le gouvernement est toujours ce que l'état d'une nation veut qu'il soit ; l'initiative des améliorations appartient aux peuples ; les excès reprochés au pouvoir sont le fait de la population considérée dans son activité collective ; les maux des peuples ne sont imputables qu'à leurs propres fautes. Oui, sans doute, l'influence de la société sur son gouvernement est une loi incontestable ; si cette influence est plus ou moins étendue, plus ou moins active, elle n'est jamais tout-à-fait absente d'un pays. Gardons-nous d'en conclure, d'un ton dogmatique, que les gouvernements sont innocents de tout mal et doivent être absous de tout reproche, que la société seule est coupable, et qu'on a tort d'accuser telle ou telle forme politique. Mille circonstances indépendantes de la volonté d'un peuple n'ont-elles jamais maintenu un gouvernement oppressif et des institutions funestes ? Les annales des nations sont remplies de ces exemples ; on ne résume pas aussi aisément la philosophie de l'histoire en un aphorisme sentencieux. Tous les publicistes ont reconnu la double action des mœurs sur les lois et des lois sur les mœurs. On ne s'était point encore représenté les gouvernements comme des personnifications impassibles de l'état social, incapables d'erreurs et incapables de bien. Dites aux peuples de se rendre dignes de la liberté ; dites-leur que leur sort est pour beaucoup entre leurs mains, que leur avenir dépend pour beaucoup de leur propre volonté ; s'ils veulent s'élever à une condition meilleure, qu'ils développent leurs bons instincts, qu'ils contiennent les mauvais, qu'ils se pénètrent de leurs devoirs, luttent et travaillent sans cesse, et ne perdent pas un temps précieux à rêver des révolutions politiques. Voilà. d'excellents conseils ; mais distinguez donc en même temps le caractère des institutions les unes favorisent le mouvement vers le bien, les autres le contrarient ou l'étouffent. En voulant réagir trop vivement contre l'opinion qui rapporte tout au pouvoir social, M. Dunoyer s'est mépris sur le rôle du gouvernement, sur son influence, sur sa responsabilité, comme sur la vertu des institutions dans leurs rapports avec la moralité et la liberté des peuples.

Le tableau qu'il trace de la vie industrielle nous paraît également manquer d'exactitude. Après avoir rappelé les états sociaux par lesquels les peuples ont passé, M. Dunoyer s'applique à démontrer que le bonheur suit les progrès de l'industrie. Je n'entends pas contester absolument cette proposition qui contredit le brillant paradoxe de Rousseau ; mais, quand M. Dunoyer passe de la spéculation à l'étude des faits, je ne puis consentir à suivre son apologie jusqu'au bout. Les appréciations ne sont ni complètes ni impartiales ; l'observation a seulement porté sur une partie des éléments. La vie industrielle développe certains côtés de l'activité humaine ; elle les développe à sa fanon, sous certaines formes et en suivant des lois qui lui sont particulières. Le premier mérite de l'esprit industriel, c'est de stimuler l'effort de l'homme, de secouer sa torpeur, de l'arracher à l'indolence et aux maux dont elle est la source ; il soutient, il développe l'énergie individuelle, et, en dirigeant nos forces vers un but commun, il conduit à ces grands résultats qui accroissent la sphère des conquêtes sur le monde physique et rendent véritablement l'homme le roi de la nature. Voilà de grands et sérieux avantages. L'industrie accroît-elle dans une égale proportion le cercle moral de l'individu ? Les faits ordinaires nous montrent que, si elle augmente son activité, c'est en vue de lui-même et de son propre bien ; elle ne lui met pas devant les yeux un noble but étranger à son intérêt personnel. Elle crée des volontés actives, infatigables ; elle ne produit guère ces grandes personnalités qui n'aspirent à s'élever que pour agir plus loin autour d'elles, qui recherchent l'importance morale plutôt que la fortune. L'esprit industriel porte l'homme vers les détails, il l'habitue à tenir grand compte des petites choses ; s'il le rend plus habile, plus clairvoyant pour certaines œuvres, il limite sa vue et le détourne des idées générales.

En provoquant au travail, l'industrie exerce une influence salutaire ; le travail est moral de sa nature ; il est ennemi du désordre et contient les passions. Le spectacle des fortunes qu'il édifie est un spectacle fortifiant et un encouragement utile. Cependant, à côté de ces succès laborieux dont l'œil saisit l'origine et les développements, un siècle industriel ne présente-t-il pas aussi des fortunes rapides, nées d'un hasard, d'un mouvement factice, qui ne supposent ni efforts préalables, ni valeur personnelle ? N'est-ce pas là un mal moral très profond ? Tous les temps, tous les principes, peut-on dire, offrent de pareils exemples et de semblables accidents ; oui, mais la portée s'en trouve contenue dans un cercle plus ou moins large. Quand ces exemples s'adressent directement aux masses, ils sont plus pernicieux ; ils tendent à arracher des esprits abusés au solide terrain du travail persévérant, de l'ordre, de l'économie, pour les jeter dans le tourbillon des affaires aléatoires et dans les incertitudes du jeu industriel. Ces distinctions et beaucoup d'autres, également importantes, soit de l'ordre moral, soit de l'ordre politique, sont omises par M. Dunoyer ; elles étaient indispensables, cependant, à la vérité d'un tableau de la vie industrielle, envisagée d'un point de vue élevé et sous toutes ses faces.

Je ne blâme pas l'auteur de *la Liberté du travail* d'avoir une idée fixe sur l'industrie et de la suivre avec entraînement. Je ne puis toutefois me défendre de la crainte qu'il n'ait conçu cette idée et ne s'y soit attaché avant l'examen des faits ; il a ensuite interrogé les phénomènes économiques au profit de cette opinion prématurée, en omettant ceux qui la contrariaient. Je crois encore qu'il confond quelquefois l'industrie, cette lutte éternelle de l'homme contre les forces du monde extérieur, avec le fait de la prédominance exclusive des idées industrielles. L'industrie est destinée à poursuivre toujours une mission qui s'agrandit par ses propres succès ; le fait de la prédominance des idées industrielles est un pur accident dans l'histoire. Beaucoup de personnes le regardent, il est vrai, comme définitif ; à les entendre, le monde serait voué à ce nouvel état exclusivement et pour jamais. Toutes les influences qui ont prédominé à des moments plus ou moins longs s'étaient aussi flattées d'un règne immortel. Comme le temps s'est joué de ces prétentions orgueilleuses ! En regardant derrière nous, nous apercevons ces puissances d'un jour tombées les unes après les autres sur la route des siècles. La domination exclusive des idées industrielles passera de même. Que veut dire M. Dunoyer par la vie industrielle ? Entend-il parler de cet empire jaloux et éphémère ? Je le répète, son langage le ferait croire. Ce serait une erreur capitale. Lui qui si souvent perd de vue la réalité dans ses doctrines, il aurait ici, par un retour malheureux, méconnu les lois du mouvement historique en se préoccupant trop de la réalité d'un jour.

Une dernière question pour revenir au régime de l'industrie : le système de l'exclusion complète du gouvernement conviendrait-il à notre société ? Chaque peuple a ses traditions et ses habitudes ; l'ordre industriel doit infailliblement s'en ressentir. Il ne saurait être coulé partout dans un moule uniforme. Eh bien ! en laissant de côté toutes les autres objections, notre société serait encore mal choisie pour l'expérience proposée. Nous sommes accoutumés à voir agir le gouvernement, à compter sur lui ; nous avons des habitudes de centralisation. Qu'on s'en plaigne ou qu'on s'en applaudisse, les faits sont là ; ils parlent assez haut. Si la manie réglementaire profitait de cette disposition pour envahir chaque jour un nouveau terrain, la résistance deviendrait nécessaire ; mais, en repoussant radicalement toute intervention et tout concours de l'état, M. Dunoyer empiète sur une action légitime, conforme aux principes généraux, et de plus nécessitée par les habitudes du pays. La vérité pratique se complaît dans les milieux ; elle nous paraît ici placée à une distance égale des enseignements de M. Dunoyer et de ceux qu'il poursuit de ses attaques. Ne soyons ni les partisans aveugles ni les adversaires outrés du régime réglementaire ; sans prétendre empêcher tous les abus, ne laissons pas se produire ceux qui tombent raisonnablement sous le coup des mesures préventives. Il restera toujours, hélas ! un champ assez vaste à la répression judiciaire.

Deux ouvrages qui ont été récemment l'objet d'un rapport et d'une discussion à l'Académie des sciences morales et politiques se rattachent par beaucoup de liens aux doctrines de M. Dunoyer : nous voulons désigner l'essai de M. Morin sur *l'Organisation du travail et l'avenir des classes laborieuses*, et celui de M. Dupuynode sur les *Lois du travail et les classes ouvrières*. Toutefois ces deux livres sont moins exclusifs à l'égard du pouvoir social. Le premier surtout atteste un esprit de sage mesure ; l'auteur sait, en général, faire la part de l'individu et celle du gouvernement. Il apprécie sans aigreur les utopies et les paradoxes contemporains, et développe ses vues sans espérances désordonnées. M. Dupuynode cède avec plus d'entraînement aux inspirations de l'école à laquelle il appartient ; il se montre trop optimiste dans son plaidoyer en faveur de la concurrence. Il aurait mieux valu borner l'éloge à quelques grands traits, et, entrant plus profondément dans le mouvement auquel nous assistons, en discuter les démens divers, pour faire sortir d'une comparaison impartiale la supériorité éprouvée du principe de la liberté. L'agitation fomentée contre la concurrence ne saurait résister à une appréciation calme et méthodique qui ne s'arrête point aux apparences et sonde la réalité. Quel est en effet le caractère de cette agitation factice ? Se distingue-t-elle par la fécondité des vues, la variété des idées, l'abondance des découvertes ? Non, elle est essentiellement critique ; elle attaque, elle dénigre, elle condamne avec une insigne prévention et une partialité préconçue, et puis, quand elle veut s'affirmer elle-même et se produire, sa fougue aboutit à l'impuissance.

Nous n'entendons pas condamner en masse tous les ouvrages de critique économique. Quand des travaux de cette nature reposent sur des études sérieuses, quand ils restent dans les termes de la science, ils préparent les esprits à des distinctions, que les auteurs n'ont pas toujours faites, entre le mal qui tient aux imperfections de la nature humaine et celui qui dérive de lois arbitraires et transitoires, entre les changements compatibles avec les conditions d'une société et ceux qui leur répugnent. C'est aux esprits politiques que revient ensuite la tâche d'approprier les mesures aux besoins sociaux et de les mettre en harmonie avec des exigences souvent hostiles. On leur reproche, quelquefois avec justesse, d'être un peu lents et un peu timorés ; toutefois, s'il y a dans une idée une somme suffisante de raison, ils finissent toujours par l'accueillir, et ils la débarrassent de l'alliage qui souvent en compromettait le succès.

C'est en ce sens que le mouvement économique de notre époque n'aura pas été stérile. Il tient d'ailleurs l'attention publique éveillée sur un ordre de faits qui méritent de l'occuper. Si un bon régime industriel peut être aidé par certaines lois, par certaines institutions, il doit avant tout procéder des mœurs et s'appuyer sur les idées reçues. Or, l'influence que produit peu à peu sur nous cette sollicitude pour les intérêts des classes ouvrières, dont tant d'écrits sont les témoignages, ne peut qu'être avantageuse à la solution libérale des problèmes industriels. On ne s'est pas borné malheureusement, nous l'avons dit, à demander par quels moyens le gouvernement peut dès aujourd'hui répondre à cette attente de l'opinion, et quelles garanties nouvelles il peut introduire dans le régime du travail ; on lui a reproché d'avoir négligé les intérêts des travailleurs, on a nié même que l'ordre existant se prêtât aux changements, aux améliorations indispensables. Avant d'examiner ce que le gouvernement peut faire, voyons donc ce qu'il a fait ; avant d'indiquer ce qui nous semble devoir compléter les institutions actuelles, assurons-nous que ces institutions ne repoussent pas d'avance toute idée de progrès, tout essai judicieux de réforme.

IV. — LE RÉGIME ACTUEL ET SES EFFETS.

Le gouvernement de 1830 pouvait-il demeurer indifférent aux besoins des classes ouvrières ? Lorsque tous les esprits, vivement émus par les évènements de la veille, étaient si disposés à prendre feu et à s'agiter, n'aurait-il pas commis une faute politique énorme en laissant aux passions des partis de légitimes mécontentements à exploiter ? Le travail industriel occupait trop de place dans le pays, il contribuait clé trop près à la prospérité publique, pour ne pas obtenir d'un gouvernement nouveau, fondé par un mouvement populaire, ce concours soutenu, cette sollicitude attentive que les gouvernements anciens eux-mêmes ne refusent point sans danger à des forces vives et réelles. Aussi le pouvoir témoigna-t-il avec empressement qu'il avait à cœur l'amélioration du sort des classes laborieuses. Sous un régime de publicité poussée alors jusqu'à la licence, il n'avait qu'un seul moyen de faire croire à ses bonnes intentions : c'était de les rendre efficaces. Le gouvernement se mit donc à l'œuvre, comme l'humanité et une politique prudente lui cri faisaient la loi. Des institutions furent créées ou développées, institutions durables et fécondes, qui attestaient à la fois le désir d'améliorer le sort des travailleurs et la ferme volonté de protéger la liberté par la discipline. Des résultats notables ont été obtenus, et sans entrer dans les détails il importe de constater ici quelques faits significatifs.

Nos salles d'asile ont reçu, depuis 1830, un régime légal et un caractère public. Leur nombre, qui n'était encore que de 102 en 1834, montait à 1,489 à la date des derniers relevés officiels. Le développement des écoles primaires ne s'est point ralenti non plus depuis la loi de 1833, qui en est le fondement et la charte. S'il reste encore quelque chose à faire, le progrès de l'instruction parmi les ouvriers n'en est pas moins un titre acquis au gouvernement de 1830. La disposition de la loi sur le travail des enfants dans les manufactures qui rend obligatoire la fréquentation des écoles atteste la volonté de persister dans la voie heureusement ouverte. Le nombre des communes sans écoles diminue d'année en année. Durant la dernière période triennale, 4,496 nouvelles écoles communales se sont établies. Plus de 130 communes ont des écoles d'apprentis, recevant de 7 à 8,000 élèves. Il n'est pas inutile d'ajouter ici que les départements manufacturiers sont ceux où se trouvent le plus d'écoles, et ceux dans, lesquels, eu égard à la population, elles compte le plus grand nombre d'élèves. — Le mouvement des caisses d'épargne durant les quinze dernières années, paraît encore plus frappant. 14 seulement avaient été autorisées depuis 1818, date de l'ouverture de la caisse de Paris, jusqu'au mois de juillet 1830. Il serait peut-être injuste de reprocher au dernier gouvernement la longue inertie de l'institution. Sous l'influence d'anciens souvenirs, le nouvel établissement financier avait eu à vaincre des répulsions d'autant plus tenaces qu'elles étaient plus inintelligentes. Quoi qu'il en soit, il était pénible de voir les caisses d'épargne, destinées à propager les habitudes d'ordre et d'économie, arrêtées dans leur marche, surtout quand on jetait les yeux sur leur développement rapide en Angleterre. Le gouvernement anglais, avec son intelligence rarement en défaut de tout ce qui peut être utile aux classes populaires sans entamer les bases aristocratiques sur lesquelles repose la société, avait puissamment secondé une tendance conforme aux instincts conservateurs. Il s'appliqua, par plusieurs bills, à régulariser l'institution, qui, favorisée par cette bienveillance éclairée, s'étendit promptement sur tous les points du Royaume-Uni. Nos caisses d'épargne se sont enfin associées à ce mouvement. De 14, le nombre des autorisations s'est élevé à plus de 350. Non-seulement le nombre des déposants et le chiffre des dépôts se sont accrus à mesure que l'institution se propageait, mais même, dans les caisses antérieurement établies, on a vu parfois décupler les versements. D'après le dernier rapport présenté au roi par M. le ministre de l'agriculture et du commerce, la classe laborieuse figure pour une très large part dans les dépôts effectués.

Tout en donnant une impulsion large et soutenue aux institutions favorables aux travailleurs, le gouvernement de 1830 n'a point négligé des mesures d'un autre ordre qui appartiennent à la discipline industrielle, ou qui concernent les besoins généraux de l'industrie et intéressent en conséquence tous les agents qu'elle emploie. De nouveaux conseils de prud'hommes ont été créés ; leur nombre était de 54 il y a quinze ans, il est aujourd'hui de 70. Cette institution, qui tempère et facilite les rapports des ouvriers et des maîtres, s'est introduite dans la ville de Paris, où on avait si longtemps presque désespéré de l'établir. Une loi spéciale a pris sous sa protection les enfants des manufactures. Elle est applicable à plus de 5,000 fabriques et usines renfermant une population de plus de 80,000 enfants. L'enseignement industriel a pris de l'extension. Dès les premiers mois qui suivirent la révolution de juillet, une ordonnance royale reconstitua le conseil supérieur du commerce et les conseils-généraux de l'agriculture, du commerce et des manufactures, dont la sixième session vient de se terminer. Je ne crois pas que leur constitution nouvelle soit à l'abri de tout reproche ; néanmoins elle a été un progrès : elle attestait visiblement la pensée, comme le disait alors une circulaire ministérielle, de mettre les conseils *en harmonie avec le caractère de nos institutions politiques*. Une autre ordonnance a consolidé, en les étendant, les haïes des chambres de commerce, et tenté de raviver un peu les chambres consultatives des arts et manufactures, engourdies sous le régime énervant de l'arrêté de l'an XI. Si la mesure à l'égard de ces dernières chambres n'a pas eu de résultats bien marqués, la situation actuelle est cependant préférable à l'ancienne.

Un projet très curieux et connu de fort peu de personnes avait été élaboré, sous l'empire, pour réformer les chambres consultatives. La pensée de ce projet était émanée directement de Napoléon, dans un conseil des finances du 21 février 1806 ; l'empereur avait

IV. — LE RÉGIME ACTUEL ET SES EFFETS.

rapidement exprimé ses vues sur l'organisation industrielle : il voulait faire des chambres consultatives la clé de voûte d'un nouveau régime. L'idée du projet est libérale au fond ; cependant l'intention en fut méconnue par d'excellents esprits : on crut y voir un retour déguisé vers le système des anciennes corporations. Elle leur empruntait, il est vrai, certaines formes ; mais elle se retrempait dans le principe de la liberté du travail. Les évènements empêchèrent l'empereur de suivre la réalisation de sa pensée, et ils emportèrent le projet à peine éclos. Je ne voudrais point conseiller de le reprendre aujourd'hui, du moins intégralement. La situation n'est plus la même ; ce projet pourrait seulement être consulté avec fruit, si on jugeait convenable de remanier l'organisation des chambres consultatives

L'attention publique se dirige en ce moment vers d'autres objets. En 1806, on songeait surtout à contenir ; sans perdre de vue la nécessité d'un frein, on doit se préoccuper davantage aujourd'hui d'améliorer les situations dans l'ordre moral et dans l'ordre matériel. Les mesures favorables aux classes ouvrières dont nous venons de parler répondent à cette tendance, qui s'est encore révélée tout récemment par quelques-unes des questions dont m. le ministre de l'agriculture et du commerce avait saisi les conseils-généraux convoqués auprès de lui. Refondre dans un esprit libéral les éléments épars de la législation sur les conseils de prud'hommes, fortifier l'action de la loi sur le travail des enfants en la dégageant de certaines difficultés pratiques, rechercher s'il serait possible de donner à la prévoyance des travailleurs de nouveaux stimulants et de nouvelles garanties, compléter les conditions légales du contrat d'apprentissage ébauchées par la loi du 22 germinal an XI : telles sont, si je ne me trompe, les intentions exprimées, intentions qui s'associent au sentiment général. Ce sont là des questions mises à l'étude, des questions *ouvertes*, pour emprunter au vocabulaire politique de l'Angleterre un mot qu'il serait bon d'introduire chez nous avec sa signification originelle et avec l'usage auquel il s'applique ; elles viennent s'ajouter aux projets de lois concernant l'industrie et le commerce portés déjà devant les chambres, comme à ceux qui ont été adoptés durant les années précédentes.

On le voit, l'action du gouvernement de juillet, en ce qui concerne l'organisation du travail entendue dans son sens légitime, est considérable. Quels en ont été les résultats ? Quelle est aujourd'hui la situation des classes laborieuses après un demi-siècle de liberté et après une grande révolution opérée dans l'industrie par l'emploi des agents mécaniques ? Le sort des travailleurs demande à être envisagé dans deux conditions très distinctes, dans les établissements industriels et dans les corps d'état placés en dehors des manufactures. Sous le régime de la liberté, la position de ceux-ci s'est-elle, améliorée ? Sont-ils plus heureux qu'avant l'abolition des maîtrises et de tout l'ancien système économique ? A leur égard, la réponse ne me paraît ni difficile ni douteuse : ils ont été affranchis d'une tutelle oppressive. Ce n'est point à eux que la substitution des agents mécaniques aux forces de l'homme a pu occasionner un préjudice même momentané ; ils profitent au contraire, dans les différents usages de la vie, de l'abaissement du prix de presque tous les articles sortant des manufactures. Sans nier les accidents isolés et les souffrances individuelles, ces travailleurs se trouvent, en général, dans des conditions bien meilleures que celles du passé. Ils ont plus de moyens de s'éclairer et plus de moyens de contentement intérieur. Il est plus facile pour eux de prendre un état. De nombreux établissements sont ouverts pour recueillir et pour instruire leurs enfants ; d'autres sollicitent leurs épargnes pour les leur rendre augmentées dans les moments de gêne. Les salaires sont généralement assez élevés, du moins ceux des hommes. Si l'indigence cependant exerce encore des ravages douloureux, c'est presque toujours la faute de l'ouvrier. La cause du mal n'est pas dans l'organisation industrielle ni dans le taux des salaires ; elle dérive des mauvaises habitudes, de l'imprévoyance et du désordre. Je ne veux pas dire que le nouveau régime soit parfait : il a des inconvénients comme toutes les choses humaines ; cependant presque tout le bien opéré vient de lui, et presque tout le mal tient à des causes qui lui sont étrangères. C'est dans les grandes villes qu'on voit la dissipation rompre le plus souvent l'équilibre, et rendre pires des situations que l'esprit d'ordre et de conduite aurait le moyen de rendre meilleures.

Si nous considérons maintenant cette autre partie de la population laborieuse qui remplit les manufactures, il devient beaucoup moins facile de caractériser son état en termes généraux. On remarque de trop grandes différences entre les nombreuses branches de l'industrie manufacturière, et jusque dans le sein d'une même fabrication. Ainsi on ne doit point confondre les ouvriers de nos établissements métallurgiques et de quelques autres usines à feu continu, telles que les verreries et les cristalleries, avec ceux de l'industrie manufacturière proprement dite. Une distinction déjà faite, et qui repose sur des observations exactes, entre les ouvriers employés au travail du coton, de la laine et de la soie, ne permet pas non plus d'assimiler les tisserands du Nord ou du Haut-Rhin aux travailleurs des fabriques de draps de Sedan et de Lodève, des fabriques de mousseline de Tarare ou des métiers de Lyon. De notables différences existent entre des villes adonnées à la même industrie. On a dit que le tisserand de Roubaix et de Turcoing était généralement moins malheureux que celui de Lille. Cette remarque est encore juste aujourd'hui. A Sedan, la situation de l'ouvrier est meilleure qu'à Reims, à Lyon qu'à Nîmes ou à Avignon. Le salaire et l'état physique dépendent aussi de la nature du travail. Toutefois le plus fatigant, et celui qui assujettit l'homme aux inconvénients soit de l'humidité, soit d'émanations délétères, soit d'une attitude incommode, est souvent le plus mal rétribué, parce qu'il exige généralement une habileté moindre. La durée du travail est moins longue pour les ouvriers de la plupart des manufactures que pour ceux qui travaillent librement chez eux, en famille, comme à Lyon, à Saint-Étienne et Saint-Chamond. Cependant le sort de ces derniers est préférable ; ceux qui consacrent une partie de l'année aux travaux des champs et une autre aux travaux des fabriques paraissent aussi dans des conditions meilleures.

Telles sont les différences les plus remarquables, celles qui ressortent le plus dans les documents recueillis depuis plusieurs années. Si elles s'opposent à un jugement trop absolu, trop uniforme, elles permettent néanmoins de grouper certaines industries et de constater certains résultats. Dans les établissements métallurgiques et dans les verreries et les cristalleries, la situation des ouvriers est satisfaisante. La construction des chemins de fer active le mouvement de nos forges. Nos verreries éprouvent bien de temps en temps des ralentissements fâcheux, jamais cependant elles n'ont à déplorer les perturbations désolantes dont d'autres industries ont été frappées. Nos grands établissements de cristallerie sont des modèles d'une nonne organisation intérieure.

Dans l'industrie manufacturière même, où le domaine de la misère est encore si étendu, d'heureuses modifications se sont opérées sur plusieurs points depuis vingt-cinq ans. Le bien, il est vrai, n'est pas général, mais les adversaires de la liberté le méconnaissent, même quand il existe. Sur certaines places, l'état moral et l'état physique des travailleurs se sont incontestablement améliorés. Les tisseurs de soie à Lyon, par exemple, se relèvent peu à peu de leur ancienne situation, dont l'abrutissement était devenu proverbial ; ils ont de meilleures habitudes, une vie plus régulière. L'industrie de la laine présente aussi, en divers endroits, des changements favorables. Plusieurs grandes fabriques de draps à Sedan, à Elbeuf et ailleurs se distinguent par une excellente discipline et un bon vouloir éclairé à l'égard du travailleur. L'industrie du coton est la moins bien partagée. Le tisserand demeure exposé au dénuement, aux vices, aux souffrances qu'ont tristement signalés déjà les patientes recherches de M. Villermé.

Quelle est la cause du mal qui afflige la population de certaines fabriques ? Il faut s'en prendre ici, du moins en partie, pour les familles nombreuses, pendant que les enfants sont en bas âge, à l'insuffisance des salaires rapprochés des besoins de chaque jour ; mais la rétribution du travail ne peut pas être calculée sur le nombre des enfants. Sous quelque régime industriel qu'elle se trouve placée, si l'on excepte la théorie communiste, une famille nombreuse, ayant plus d'exigences à satisfaire, sera toujours plus exposée au fléau de l'indigence. L'économie politique peut donner des conseils, la bienfaisance doit distribuer des secours : là s'arrêtent leurs moyens. Souvent, hélas ! la débauche aggrave la cause primitive de la misère, et les familles tombent alors dans la plus affligeante abjection. Les adversaires de la liberté du travail ont cependant l'habitude d'expliquer tous les maux par les effets de la concurrence.

Je ne cherche point à déguiser le mal ni à grossir les améliorations réalisées. Dieu me préserve d'accepter comme définitif et irrémédiable l'état de choses actuel ! A côté du dénuement matériel, j'aperçois des besoins de l'ordre moral d'une nécessité encore plus impérieuse. Cependant on est heureux de pouvoir constater que des résultats avantageux ont été obtenus déjà, soit sous l'influence d'institutions salutaires, soit par l'effet de quelques

IV. — LE RÉGIME ACTUEL ET SES EFFETS.

lois de discipline ; ils doivent soutenir les efforts et engager à les poursuivre. Un examen attentif et impartial de la situation conduit inévitablement aux conclusions suivantes : l'aisance universelle s'est accrue depuis un demi-siècle ; la somme du bien s'est augmentée, et la somme du mal s'est amoindrie ; la grande majorité de la classe ouvrière a participé au progrès général. Ces faits se sont accomplis sous le régime de la liberté du travail, au sein de l'organisation industrielle qui s'inspire de ce principe. Il faut savoir maintenant ce qu'on peut lui demander encore et quelles améliorations un avenir prochain peut légitimement en attendre.

V. — CONCLUSIONS.

Si on étudie les dispositions actuelles des ouvriers, on s'aperçoit qu'ils sont préoccupés du désir d'améliorer leur sort et d'accroître leur bien-être, désir légitime, pourvu qu'il soit réglé, et que le goût du bien matériel n'étouffe point dans l'âme les instincts moraux. Tous les systèmes d'organisation que j'ai discutés, sauf de rares exceptions, se proposent d'une manière trop exclusive, on l'aura remarqué, la recherche du bonheur physique. Travailler moins et gagner plus, voilà le résumé de leur programme ; ce programme est séduisant, mais il est dangereux, car il s'adresse à des esprits qu'on entraîne aisément. Aussi plus d'une fois s'est-il traduit en des prétentions intempestives ou démesurées. A tout prendre, cependant, l'agitation en vue du bien-être est préférable à l'agitation politique que les partis cherchaient à entretenir parmi les ouvriers il y a dix à douze ans. On leur parlait alors du gouvernement et de leurs droits politiques ; on leur citait l'exemple des classes moyennes. Étrange confusion ! lorsque les classes moyennes commencèrent à s'affranchir des liens de la féodalité territoriale, leur situation même les poussait vers le gouvernement. Aux conditions de loisir qu'elles avaient gagnées par l'industrie et par certaines professions libérales, il leur restait seulement à joindre l'intelligence des affaires publiques. Il est vrai qu'elles s'emparèrent du pouvoir avant d'être complètement préparées à leur tâche nouvelle, de pénibles déceptions suivirent les fautes de leur inexpérience et de leur confiance en elles-mêmes ; toutefois, par la force des choses et la loi du temps, elles devaient arriver où nous les voyons aujourd'hui. Les classes ouvrières n'ont point devant elles le même avenir. La loi du travail matériel est trop exigeante ; tout en laissant libre carrière aux déplacements individuels favorisés par le principe de l'égalité civile, elle maintient les destinées des classes. Complexe de sa nature, l'œuvre sociale embrasse une foule d'éléments qui absorbent presque exclusivement les activités particulières. Le bon sens des masses, laissé à lui-même, saisit à merveille les nécessités journalières qui résultent de ces lois fondamentales. Nous l'avons vu résister aux avances intéressées des partis, nous le verrons également repousser les promesses trompeuses des théoriciens du bonheur. L'agitation industrielle échouera comme l'agitation politique. Le mouvement actuel est même un hommage involontaire à la puissance des idées d'ordre, car on est obligé de recourir, pour agiter les masses, à une pensée d'organisation. Les institutions de l'ordre économique promettent-elles de réaliser jamais pour l'homme de travail un état inébranlable et sûr, à l'abri de tout accident extérieur et de l'influence de ses propres égarements ? Hélas ! non ; tout ce qu'on peut demander au régime industriel, c'est de limiter ou d'adoucir les mauvaises chances, d'aplanir certains obstacles, d'assurer les droits de chacun, de préparer des ressources, en un mot de créer des garanties. Le système de la liberté du travail, qui respecte la dignité personnelle, et que notre état social impose, d'ailleurs, à notre législation économique, se prête avec une pleine sécurité aux mesures réclamées par l'intérêt des travailleurs, dans la double sphère des institutions protectrices et des lois de discipline.

On doit désirer d'abord que le gouvernement continue à étendre les établissements destinés aux classes laborieuses ; qu'il recherche lui-même les moyens d'améliorer le régime des salles d'asile, des écoles primaires, des caisses d'épargnes ; qu'il profite de tous les exemples, de tous les essais des autres peuples. Voilà un but tracé d'avance aux efforts de l'administration, et vers lequel nous l'avons vue marcher depuis quinze ans avec une louable persévérance. L'enseignement professionnel, malgré quelques progrès accomplis, n'en est encore qu'à son début ; il est susceptible de recevoir des développements féconds et des applications variées. Nous aimerions aussi voir déterminer par une loi les règles qui doivent présider aux sociétés de secours mutuels entre ouvriers. Cette

V. — CONCLUSIONS.

institution, injustement critiquée à une autre époque par des esprits méticuleux, existe en Angleterre, sur une vaste échelle, avec un régime légal prévoyant et consacré par l'expérience. En France, abandonnée à elle-même, elle est beaucoup moins répandue, beaucoup moins active. Nos sociétés de secours mutuels manquent de bases et d'homogénéité. L'emploi des fonds, les garanties de leur conservation, les voies à suivre en cas de difficultés, la publication des statuts, les cas de dissolution, etc., ont été pendant longtemps laissés à l'arbitraire aveugle des partis. Si ces associations n'étaient pas soumises à la nécessité de se pourvoir d'une autorisation, quand elles se composent de plus de vingt personnes, elles échapperaient complètement à l'action du pouvoir. Cette autorisation même appartient à un autre ordre d'idées ; elle se rattache à la police générale et non à une intention de patronage industriel. Cependant elle oblige les sociétés à soumettre leurs statuts au ministre de l'intérieur, qui les communique aujourd'hui au département chargé des intérêts industriels et commerciaux. Les observations bienveillantes et officieuses du ministre du commerce forment la seule part de l'autorité dans la conduite de l'institution. Cette part est insuffisante et d'une efficacité accidentelle et douteuse.

Un assez grand nombre de sociétés de secours mutuels avaient néanmoins tenté de s'établir depuis le commencement de ce siècle, on évalue à 4,000 les autorisations accordées ; mais beaucoup n'ont eu qu'une existence éphémère et se sont dissoutes sans laisser de traces. Celles qui se soutiennent et prospèrent ont dû leur succès à un hasard heureux ; elles avaient rencontré des fondateurs intelligents qui leur avaient donné des statuts sages et réfléchis. Le plus souvent l'ignorance des principes accumulait les erreurs, les inconséquences, les germes de dissolution, dans des règlements écrits par des ouvriers sur la table d'un cabaret. En arrêtant les bases par une mesure générale, une loi préviendrait la plus grande partie de ces inconvénients. C'est le seul moyen de féconder l'institution, de l'arracher à l'anarchie qui l'a un peu décréditée, et contre laquelle l'administration lutte aujourd'hui. Les sociétés de secours mutuels assurent non-seulement à chacun de leurs membres des secours en cas de maladie ou d'infirmité, quelques-unes promettent aussi des pensions dans la vieillesse ; si elles étaient établies de manière à tenir ces promesses, je les regarderais comme les meilleures caisses de retraite des invalides de l'industrie. Elles ne pourront, toutefois, suffire d'une manière certaine à cette dernière partie de leur tâche tant qu'elles resteront isolées. Ne serait-il pas possible, sans enlever à chaque association son individualité, de grouper les chances, et, en établissant des rapports entre toutes les sociétés reconnues, de créer une vaste solidarité pour le service des retraites ?

On a proposé de fonder, sous le patronage immédiat et la garantie du gouvernement, un établissement spécial pour assurer des pensions, après un certain âge, aux ouvriers qui auraient rempli les conditions prescrites. Ce projet réunit des sympathies considérables. Deux motifs étaient de nature à lui gagner des partisans : l'un d'humanité, l'autre de politique. Au nom de l'humanité, on désire procurer des ressources à la vieillesse, si souvent abandonnée, du travailleur ; au nom de l'intérêt politique, on cherche à resserrer par un nouveau nœud les rapports que les caisses d'épargne ont déjà heureusement établis entre le gouvernement et les classes laborieuses, et à conquérir ainsi de nouvelles garanties d'ordre public. Certaines feuilles radicales, qui comprennent la portée d'une caisse de retraite sous ce dernier point de vue, ont sournoisement combattu la proposition. Cette hostilité pourrait bien servir le projet dont il s'agit ; il ne faudrait pas cependant que des préoccupations politiques le fissent accepter aveuglément. Quant à nous, nous accordons à l'idée première un assentiment complet : elle honore les esprits qui l'ont conçue et les hommes qui la patronent ; nous n'approuvons pas également les moyens d'application proposés. On s'abuse sur l'étendue de la responsabilité de l'état ; de plus, il est certain, comme on l'ajustement dit, que l'établissement tel qu'il serait constitué tendrait à relâcher encore le lien déjà trop affaibli de la famille. L'idée a besoin d'être mûrie. Pour le moment, il nous paraît sage de s'en tenir aux institutions existantes. Les sociétés de secours mutuels, régénérées et combinées avec l'action des caisses d'épargne, suffiront pour stimuler et récompenser efficacement la prévoyance de l'ouvrier, en attendant qu'il se produise une théorie de caisse de retraite conforme à des principes dont il serait très dangereux de s'écarter. Toutefois, nous ne le déguiserons pas, nous pencherions en faveur de la pensée qui prendrait les sociétés de secours mutuels pour bases, la solidarité entre elles pour moyen, et les caisses d'épargne

V. — CONCLUSIONS.

pour auxiliaires.

Beaucoup d'autres propositions de la nature la plus diverse, inspirées par un esprit de bienveillance envers les classes laborieuses, ont surgi au milieu du mouvement de ces dernières années. Quelquefois elles ont empiété sur le domaine de la bienfaisance privée ; quelquefois elles ont voulu étendre mal à propos le patronage de l'autorité. Les ouvriers possèdent, d'ailleurs, des institutions spéciales dont les services ne sauraient être mis en doute, malgré les inconvénients et les abus qui s'y mêlent encore. Ces institutions sont une tentative de l'industrie pour s'organiser elle-même. On doit chercher à régulariser leur action, à faire prévaloir peu à peu le bon sens sur des traditions grossières ; je ne pense pas qu'il y ait avantage à réagir systématiquement contre elles ; j'estime, au contraire, qu'elles peuvent compléter utilement le régime du travail. A des magistrats et à des bureaux officiels, les ouvriers préféreront toujours leurs institutions familières. Au lieu de créer arbitrairement des établissements nouveaux, mieux vaudrait, quand on remaniera la législation impériale sur les conseils de prud'hommes, accroître la sphère de leur patronage industriel, dont la pensée un peu obscure se trouve déjà dans la loi de 1806. C'est alors qu'ils devraient être surtout intimement liés par leur origine avec tous les intérêts sur lesquels leur autorité s'étend. A cette condition, ils pourraient recevoir avec avantage des attributions disciplinaires plus larges et plus précises.

En fait de discipline industrielle, aucun principe ne s'oppose à de nouvelles mesures qui auraient pour objet de prévenir certains abus, l'insalubrité des fabriques, par exemple, quand elle provient de la mauvaise appropriation du local. Favorables à l'ouvrier, ces mesures seraient aussi conformes à l'intérêt bien entendu des manufacturiers. On a dit souvent avec quelque raison que le régime intérieur des manufactures formait un gouvernement tout-à-fait absolu. Or, le gouvernement absolu n'est bon nulle part ; il fait payer trop cher les services qu'il rend. Sans doute, la propriété a droit au plus grand respect ; mais la société qui la consacre et la garantit peut lui imposer toutes les conditions dictées par l'intérêt général. La propriété qui emploie des masses nombreuses, qui les réunit sur un même point, exige des règlements spéciaux. C'est bien assez de l'insalubrité inévitable de certains travaux, sans y ajouter encore volontairement celle du local. Qu'on ne dise pas : L'ouvrier est libre, il peut s'abstenir d'entrer dans un atelier malsain. En réalité, sa liberté n'est souvent qu'un vain mot ; une nécessité rigoureuse enveloppe sa vie. En Angleterre, où l'on ne passe point pour traiter légèrement le droit de propriété, on veille avec soin, comme le constatent les rapports des inspecteurs, à la bonne tenue et à la salubrité des ateliers atteints par les bills sur le travail des enfants. Je ne suis pas de ceux qui citent à tout propos l'exemple de l'Angleterre : nos fabriques n'ont jamais offert le triste spectacle que présentent encore un grand nombre des ateliers de nos voisins. Un plus vaste développement industriel appelle chez eux une surveillance plus continue et un régime plus strictement ordonné. Cependant nous devons tendre à proportionner les moyens à nos besoins constants. Aussi regardons-nous comme une pensée de sage prévoyance la disposition relative à la salubrité des ateliers introduite dans la loi de 1841 sur le travail des enfants.

On a parlé de rendre obligatoires pour certaines industries insalubres, qui compromettent la santé et même la vie de l'ouvrier, les procédés de fabrication les moins périlleux. Le but se trouve à peu près atteint par la législation sur les établissements insalubres. L'autorité chargée, suivant les cas, d'accorder l'autorisation, impose toujours les conditions qui peuvent diminuer les dangers. Si de nouveaux moyens plus rassurants sont découverts plus tard, elle peut même exiger qu'ils soient appliqués. Les règlements relatifs aux machines à vapeur permettent également de prescrire des mesures dans l'intérêt de la sûreté de l'ouvrier, comme dans celui de la sûreté publique. Quand on étudie les détails de notre législation industrielle, on la trouve moins incomplète sous le rapport des moyens de protection que ne le feraient croire les critiques dont elle a été l'objet.

En se bornant à exercer vis-à-vis de l'industrie une influence protectrice, le gouvernement reste fidèle à son rôle naturel ; il ne porte point atteinte au principe de la liberté du travail ; il le régit comme tout autre élément social. La loi peut aussi fixer les bases de certains contrats industriels, et leur prêter une sanction lorsqu'ils sont conclus. Des lacunes existent, à ce sujet, dans nos codes ; les études sur le contrat d'apprentissage, le projet de loi sur les livrets d'ouvriers, attestent qu'on s'occupe de les combler.

V. — CONCLUSIONS.

Des dispositions du code pénal répriment les atteintes portées à la liberté et à la sécurité des transactions par des concerts soit entre les maîtres, soit entre les ouvriers. Que la coalition des uns et des autres, environnée de certaines circonstances, soit un délit punissable, personne ne peut raisonnablement le contester. L'application d'une peine dépend des faits et des conjonctures ; mais la pénalité légale a-t-elle été répartie avec une impartiale équité ? La loi est beaucoup plus sévère pour les coalitions d'ouvriers que pour celles des maîtres ; le législateur a été visiblement frappé de considérations qui ne sont pas dépourvues de justesse : le danger est plus grand dans un cas que dans l'autre ; les ouvriers sont plus faciles à égarer, à entraîner à des actes violents ; leurs coalitions seraient plus fréquentes et menaceraient davantage la tranquillité publique. De tels motifs justifiaient une gradation proportionnée dans la peine. Cependant la différence admise est trop large, au moins sous deux rapports : la loi punit très durement les moteurs d'une coalition parmi les ouvriers ; elle ne parle point des meneurs qui cherchent quelquefois à aigrir les ressentiments des maîtres, à envenimer des discussions, à provoquer des accords funestes pour l'ouvrier, et contre lesquels la coalition devient presque son seul moyen de résistance. De plus, la surveillance de la haute police, qui peut être prononcée, en certains cas, contre les ouvriers, nous paraît une aggravation trop rigoureuse de la peine. Le code, à notre avis, prodigue trop la surveillance, et les tribunaux sont enclins à la prodiguer encore davantage. Ce serait une bonne mesure de modifier suivant ces idées les articles 414 et 416 du code pénal. Il serait juste aussi de qualifier dans les mêmes termes le délit des maîtres et celui des ouvriers.

L'autorité n'est point appelée par les nécessités de la discipline industrielle à intervenir dans le règlement des conditions même du travail et de sa rémunération ; elle doit s'abstenir d'y interposer son action ; elle y cour promettrait le prestige qui est une partie de sa force ; elle se verrait bientôt entraînée dans un despotisme de tous les instants, funeste à l'individu et à la société. Du domaine de la volonté, de la prévoyance, de l'énergie de chaque homme, le travail passerait dans celui de l'administration. Si éclairée, si bienveillante qu'on la suppose, avec une armée de nouveaux agents ou de conseils électifs, l'administration compliquerait l'œuvre au lieu de la faciliter. Dispensateur officiel du salaire, le gouvernement aurait contre lui le mécontentement des ouvriers intelligents, actifs, laborieux, que son intervention blesserait, et le mécontentement des moins capables et des plus négligents, toujours portés à se plaindre de la règle, à trouver la besogne trop forte et le gain trop faible. Ne convions le pouvoir qu'à des améliorations possibles ; si nous voulons sérieusement relever l'état des ouvriers, travaillons-y avec patience, sans nous bercer du fol espoir d'obtenir tous les résultats en un jour, et sans prétendre, avec quelques théories plus ou moins hasardées, changer, comme par un coup de baguette, une situation qui résulte des habitudes et du temps.

Les défenseurs les plus bruyants des intérêts de la classe laborieuse paraissent décidés à suivre une autre ligne. Ils négligent le réel et s'épuisent à courir après l'ombre. Ils semblent perdre de vue toute pensée d'améliorations particulières et d'efforts positifs. Une idée les a seule occupés durant ces derniers temps, l'idée d'une enquête générale sur l'état des travailleurs. On s'était efforcé de donner à ce cri de ralliement le plus grand éclat possible, sauf à l'abandonner ensuite pour en adopter un nouveau. Une chose m'étonne, je le dirai franchement, c'est que la demande d'une enquête si souvent répétée n'ait pas produit plus d'impression sur les classes ouvrières. Elle a été accueillie avec une froideur évidente. Serait-ce trop s'aventurer d'en conclure que l'enquête n'est pas un besoin très sérieux et très vif ? Nul ne s'imagine qu'elle mettrait fin à toutes les plaintes, et donnerait satisfaction à toutes les exigences. Plus son cercle d'action serait étendu, moins ses conclusions seraient nettes et pratiques. On discute avant, on discuterait après. Que le résultat vienne tromper les prévisions de ceux qui la réclament, ils ne se gêneraient point pour s'en prendre à l'autorité qui l'aurait faite, pour accuser ses intentions et ses moyens. Rien ne serait résolu. Est-ce que le mal est d'ailleurs ignoré ? est-ce que les faits ne sont pas connus ? Chaque jour, une enquête s'accomplit sous un régime de publicité et de discussion, et cette enquête continuelle se complète, se rectifie elle-même ; elle ne se rapporte pas seulement à un moment donné, mais à l'ensemble d'une situation. L'Angleterre, dira-t-on, procède en tout par des enquêtes, et elle en tire des avantages manifestes. Avant d'invoquer l'exemple de nos voisins, on devrait se rendre un compte plus exact de leur situation et

V. — CONCLUSIONS.

de leur manière d'agir. D'abord l'Angleterre n'a point un système administratif pareil au nôtre, qui concentre tous les éléments d'information ; elle n'a pas, à tous les degrés de la hiérarchie, des corps délibérants, dont la discussion porte incessamment la lumière sur l'état du pays. L'enquête parlementaire est souvent le seul moyen d'éclairer les questions. Aussi l'histoire du parlement anglais embrasse-t-elle une série d'enquêtes dont chacune forme le point d'appui de quelque bill important. De plus, en Angleterre, on procède par enquêtes partielles, sur un ordre de faits circonscrits. En suivant cette méthode, il est possible d'arriver à des conclusions utiles et réalisables. De semblables mesures peuvent, en certaines circonstances, être utilement importées chez nous, et servir d'auxiliaires aux moyens réguliers et habituels d'information. Elles diffèrent profondément de l'enquête très générale, très complexe, proposée en ce moment, et qui, s'étendant sur tout le pays, sur toutes les industries, sur toute l'existence des travailleurs, remuerait à la fois presque toutes les questions économiques.

Nous soumettons ces observations aux esprits calmes et réfléchis ; nous n'avons point de répugnance préconçue contre l'enquête : elle ne pourrait qu'apporter de nouveaux arguments à notre opinion sur l'état des classes ouvrières ; seulement, si l'enquête était une fois ouverte, elle ne devrait point s'en tenir au point de vue économique. On ne découvrirait point la source du mal sans remonter jusqu'aux sentiments et aux croyances. Les dérèglements, origine de tant de misères, proviennent de la faiblesse du sens moral et de l'absence d'une éducation religieuse. Sous ce rapport, les besoins sont immenses ; ne désespérons point de les satisfaire. Il se manifeste au sein de notre société un retour évident vers les idées de l'ordre et du devoir. Le mouvement arrive jusqu'aux masses : il leur portera des moyens de réforme et un frein contre le vice. Les utopies vaines et creuses des théoriciens du bonheur tendraient à contrarier ce mouvement salutaire, à le détourner de ses voies, à le corrompre par un esprit matérialiste. L'agitation industrielle qu'ils ont essayé de provoquer est tristement marquée de cet esprit. On a négligé le bien moral, on ne s'est préoccupé que du bien-être. Quant aux partis politiques, ils ont pris à tâche d'embrouiller la question, loin de chercher à l'éclaircir. Il convenait à leurs desseins qu'elle demeurât dans le vague et les ténèbres. Aussi on les verra la délaisser de plus en plus, à mesure que le bon sens public reconnaîtra la stérilité de leur philanthropie bruyante. Les tendances des partis se concentraient d'ailleurs à peu près exclusivement, comme celles des socialistes, vers la recherche du bonheur physique. Nous comprenons d'une autre façon l'organisation du travail. Si nous désirons pour les familles ouvrières de meilleures conditions d'existence matérielle, nous ne croyons pas qu'il suffise d'en demander les moyens à des réformes économiques ; les améliorations morales en sont la garantie nécessaire. Notre régime industriel, dans les lois de discipline comme dans les institutions de protection, s'est généralement inspiré de cette double pensée, qui se révèle surtout dans les actes du gouvernement de 1830. On peut encore adresser de justes critiques à certaines parties de l'ordre existant ; mais, jugé dans son ensemble et comparé aux systèmes qui prétendent le remplacer, il est le seul qui convienne aux idées politiques de notre temps, qui respecte la dignité de l'individu et encourage son activité, tout en offrant des garanties suffisantes à la sécurité publique et à la prospérité de l'industrie nationale.

V. — CONCLUSIONS.

ISBN : 978-1985189287